HAN D'ISLANDE,

MÉLODRAME EN TROIS ACTES ET EN HUIT TABLEAUX

A GRAND SPECTACLE,

Tiré du roman de M. Victor Hugo,

PAR MM. PALMIR, OCTO ET RAMEAU,

MUSIQUE DE M. ADRIEN,

Décors de M. Desfontaines, Divertissement de M. Théodore ;

REPRÉSENTÉ, POUR LA PREMIÈRE FOIS, A PARIS,
SUR LE THÉATRE DE L'AMBIGU-COMIQUE,
LE 25 JANVIER 1832.

PRIX : 1 FR. 50 C.

PARIS.

J.-N. BARBA, LIBRAIRE,
PALAIS ROYAL, GRANDE COUR,
DERRIÈRE LE THÉATRE FRANÇAIS.

1832

PERSONNAGES. — ACTEURS.

PERSONNAGES.	ACTEURS.
HAN D'ISLANDE.	MM. FRANCISQUE. MONTIGNY.
ORDENER GULDENLEN, fils du vice-roi de Norwége.	CULLIER. ANDRÉ.
LE COMTE D'ALEFELD, grand-chancelier de Danemarck et de Norwége.	EUGÈNE.
LE COMTE HARALD, ex-grand-chancelier des mêmes royaumes.	CUDOT.
FRÉDÉRIC, jeune officier, fils du comte d'Alefeld.	FRÉDÉRIC.
SPIAGUDRY, gardien du spladgest de Drontheim.	HERVET.
KENNIBOL, jeune arquebusier de Munckolm.	CONSTANT.
ORUGIX, bourreau.	DELAMOTTE.
TIRCLA, concierge de la prison.	DAUTERIVE.
OGLIPIGLAP, Lapon, aide de Spiagudry.	AUGUSTE.
UN SYNDIC. UN OFFICIER.	BARBIER.
ESIDA, fille d'Harald.	Mmes BALTHAZARD.
BÉCHLIE, femme d'Orugix.	MARIA.
OLLY, MAASE, vieilles matrones de Drontheim.	PALMYRE. ELIZA-JACOBS.
UN VILLAGEOIS.	M. FRANÇOIS.
UNE JEUNE VILLAGEOISE.	Mlle HÉLOÏSE.
NORWÉGIENS.	
ARQUEBUSIERS DE MUNCKOLM.	

La scène se passe dans le Drontheimhus en Norwége.

IMPRIMERIE DE E. DUVERGER,
RUE DE VERNEUIL, n° 4.

HAN D'ISLANDE,

MÉLODRAME.

ACTE I.

PREMIER TABLEAU.

Le théâtre représente une vaste salle construite tout en pierre ; porte au fond laissant apercevoir une place publique. A gauche, entre les deuxième et troisième plans, est une grille avec une petite porte, au-dessus de laquelle on lit : *Salle des Morts*.

SCENE PREMIÈRE.

Au lever du rideau, plusieurs personnes du peuple, parmi lesquelles on remarque KENNIBOL, MAASE *et* OLLY, *sont occupées à regarder à travers la grille.* SPIAGUDRY, *assis sur une escabelle, à droite, paraît endormi.*

OLLY.

Voilà donc où conduit l'amour, voisine Mâase ! Cette pauvre Guth ne serait point là, étendue sur cette pierre noire, si elle n'avait jamais songé qu'à raccommoder les filets de son malheureux père.

MAASE.

Et son fiancé Gill Stadt, ce beau jeune homme que vous voyez tout à côté d'elle, n'y serait point, si au lieu de faire l'amour à Guth et de chercher fortune dans ces maudites mines de Roras où il fut écrasé par un éclat de rocher, il était resté près de sa mère infirme qui pleure maintenant devant le berceau vide de son enfant, devenu grand jeune homme, et mort.

OLLY.

Guth s'est donc noyée en désespoir de la mort de son fiancé ?

KENNIBOL.

Qui dit cela ? Cette fille, que je connais bien, était en effet la fiancée de ce jeune mineur ; mais elle était aussi la maîtresse d'un de mes camarades, soldat de la garnison de Munckolm ;

et comme avant-hier elle voulut s'introduire furtivement dans la forteresse pour y célébrer avec son amant la mort de son fiancé, la barque qui la portait chavira sur un écueil, et elle s'est noyée.

OLLY.

Quelle horreur! Comment peut-on se complaire à répandre de pareilles absurdités?

MAASE.

C'est une infâme calomnie!

SPIAGUDRY, *se réveillant.*

Silence, radoteuses, vieilles sorcières!

OLLY.

Tiens, l'entendez-vous, ce vieux damné!

MAASE.

Qu'est-ce qu'il nous veut, ce grand cadavre gardien de cadavres?

SPIAGUDRY.

Paix, vous dis-je, filles d'enfer. Si c'est aujourd'hui le sabbat, hâtez-vous d'aller retrouver vos balais; autrement ils s'envoleront tout seuls... (*à Kennibol.*) Vous disiez donc, mon brave, que cette misérable femme?...

OLLY.

Le vieux drôle! Nous sommes de misérables femmes parce que nos corps, s'ils tombent entre ses griffes, ne lui rapportent, à la taxe, que trente escalins, tandis qu'il en reçoit quarante pour la méprisable carcasse d'un homme.

SPIAGUDRY.

Vous tairez-vous, langues de vipères! Dites-moi, mon brave, votre camarade dont cette Guth était la maîtresse va sans doute se tuer du désespoir de l'avoir perdue?...

MAASE.

Entendez-vous ce vieux païen? il voudrait voir un vivant de moins, à cause des quarante escalins que lui rapporte un mort.

SPIAGUDRY.

Allons, ne vous fâchez pas, mes douces commères, ne faut-il pas que tout le monde vive de son petit métier?

KENNIBOL.

Eh bien! vieux satan, où en veux-tu donc venir avec cette grimace aimable qui ressemble si bien au dernier éclat de rire d'un pendu?

SPIAGUDRY.

M'y voici. Quand les corps qu'on nous apporte ont été trouvés dans l'eau, nous sommes obligés de céder la moitié de la taxe aux pêcheurs; je voulais donc vous prier, mon vaillant ami, d'engager votre infortuné camarade à ne point se noyer et à choisir quelque autre genre de mort; la chose doit lui être indifférente, il ne voudrait pas faire tort en mourant au malheureux chrétien qui donnera l'hospitalité à son corps, si toutefois la perte de Guth le pousse à cet acte de désespoir.

KENNIBOL

C'est ce qui vous trompe, mon charitable et hospitalier concierge des trépassés, mon camarade n'aura point la satisfaction d'être reçu dans votre appétissante auberge, car il se console en ce moment avec une autre belle de la mort de celle-ci.

OLLY.

Comment! que dit encore ce misérable?...

MAASE.

Aimez donc maintenant ces vauriens-là!

SPIAGUDRY.

Paix! encore une fois. En vérité, le supplice de Belzébuth est bien effroyable s'il est condamné à entendre de pareils chœurs une seule fois par semaine. (*Bruit et colère des femmes.*)

SCENE II.

LES MÊMES, OGLIPIGLAP.

OGLIPIGLAP.

Maître Spiagudry, je vous annonce un nouveau pensionnaire.

SPIAGUDRY, *joyeux.*

A merveille!... D'où vient-il?

OGLIPIGLAP.

Des grèves d'Urchtal.

SPIAGUDRY, *se frottant les mains.*

Bien! bien! qu'on l'introduise par la petite porte.

(*Il sort avec son aide.*)

SCENE III.

LES MÊMES, *excepté* SPIAGUDRY *et* LE PORTEUR; *ensuite* ORDENER.

MAASE.

C'est sans doute encore une victime de l'amour ou de l'ambition.

KENNIBOL, *regardant à travers la grille.*

Par mon sabre! c'est un officier de mon régiment! il paraît s'être suicidé.

OLLY.

Dites plutôt qu'il a été assassiné, car il a été trouvé sur les grèves d'Urchtal, et l'on sait que Han d'Islande erre maintenant sur ces plages.

MAASE.

Oui, et d'autant plus que personne n'ignore que l'Islandais

assassine d'une manière si diabolique, que ses victimes ont souvent l'apparence du suicide.

KENNIBOL.

Quel homme est-ce donc que ce Han?

OLLY.

C'est un géant.

MAASE.

Non, c'est un nain.

KENNIBOL.

Personne ne l'a donc vu?

MAASE.

Ceux qui le voient pour la première fois le voient aussi pour la dernière.

OLLY, *avec mystère.*

Chut! il n'y a, dit-on, que trois personnes qui aient jamais échangé des paroles humaines avec lui; ce réprouvé de Spiagudry, la veuve Stadt et son fils, le pauvre Gill, que vous voyez ici.

KENNIBOL, *regardant toujours à travers la grille.*

Oh! maintenant je suis certain que c'est le capitaine Dispolsen, qui arrive de Copenhague, et qu'on attendait ce matin à Munckolm. Je reconnais la chaîne d'acier que notre prisonnier d'état, le vieil Harald, lui donna à son départ.

ORDENER, *s'avançant vivement.*

Vous êtes sûr que c'est le capitaine Dispolsen?

KENNIBOL.

Sûr, par les mérites de saint Belzébuth, mon patron.

ORDENER, *sortant.*

Pauvre comte! malheureux Harald! Un ami te restait, tu l'as perdu, et seul maintenant Ordener s'intéresse à toi. (*Il sort.*)

SCENE IV.

LES MÊMES, *excepté* ORDENER. SPIAGUDRY *rentre.*

SPIAGUDRY.

Allons, éclipsez-vous, mes vieilles; la nuit approche, c'est assez remuer la langue, il faut maintenant remuer les jambes.

OLLY, *d'un air moqueur.*

Bonsoir, docteur Spiagudry.

MAASE.

Bonsoir, vieil accapareur de cadavres.

KENNIBOL.

Bonsoir, voisin, ferme bien ton charnier, de peur qu'on ne vienne te voler tes morts.

SPIAGUDRY.

Voisin? dites plutôt votre hôte, car j'espère bien qu'un de ces jours je vous prêterai, pour une huitaine, quelques-uns de mes lits de pierre.

(*Spiagudry ayant fermé la porte extérieure, s'éloigne par la droite.*)

DEUXIÈME TABLEAU.

Le théâtre change et représente une longue galerie gothique éclairée faiblement. A gauche, au deuxième plan, une porte entr'ouverte.

SCENE V.

FRÉDÉRIC, *en costume brillant d'officier ; ensuite* ORDENER.

FRÉDÉRIC, *d'un ton léger.*

Diable de capitaine Dispolsen qui n'arrive pas; me faudra-t-il l'attendre encore long-temps? Qu'est-il allé faire à Copenhague? quels rapports peuvent exister entre lui et notre prisonnier, l'ex-grand-chancelier du royaume, le comte Harald?... Je le découvrirai; mais pour arriver à ce but combien de jours resterai-je encore enseveli dans ce triste donjon, loin de tant de jeunes beautés qui soupirent après mon retour? Obéissance filiale, que tu me coûtes cher en ce moment!

UN SOLDAT.

Un officier demande à vous parler.

FRÉDÉRIC.

Un officier? qu'on l'introduise; c'est sans doute Dispolsen. (*allant au-devant d'Ordener.*) Salut, capitaine, vous ne vous doutiez guère que vous faisiez attendre un homme qui n'a pas la satisfaction de vous connaître... Par ma foi, je ne vous féliciterai pas de votre retour dans ce lugubre château ; moi je m'y ennuie horriblement, et sans les ordres de mon père... car il faut vous dire, capitaine, que mon père, le grand-chancelier actuel, m'a chargé de... vous m'entendez, auprès de la fille de notre prisonnier; mais je perds toutes mes peines, cette jolie statue n'est pas une femme; elle pleure toujours et ne me regarde jamais.

ORDENER.

Comment! chargé de séduire la fille de ce malheureux?...

FRÉDÉRIC

Je défierais le diable de la séduire. Avant-hier, étant de garde, je mis exprès pour elle un délicieux juste-au-corps à la française; croiriez-vous qu'elle n'a pas levé seulement les yeux sur moi?

ORDENER, *se frappant le front avec indignation.*

Est-il possible!

FRÉDÉRIC, *comme plus haut.*

Pas la moindre attention à moi, parole d'honneur. A propos, quelles nouvelles modes à la cour, capitaine Dispolsen?

ORDENER, *comme se réveillant.*

Je ne suis pas le capitaine Dispolsen.

FRÉDÉRIC, *avec surprise et d'un ton sévère.*

Comment! et qui êtes-vous donc pour oser vous introduire ici, à cette heure?

ORDENER, *déployant un parchemin.*

Je veux voir l'ex-grand-chancelier de Norwége, votre prisonnier.

FRÉDÉRIC.

A la bonne heure, cette pièce est en règle. Ah! vous vous nommez Ordener?... A propos; vous savez, monsieur, qu'Ordener, fils du vice-roi, doit incessamment épouser ma sœur, et que par conséquent...

ORDENER.

Merci de vos détails de famille. Je désire voir le prisonnier.

FRÉDÉRIC.

Tenez, il vient de ce côté. Cette salle fait partie de sa prison; je vous laisse avec lui. (*à part, en s'en allant.*) Étourdi que je suis, je crains bien d'avoir commis une indiscrétion.

SCENE VI.

ORDENER, HARALD.

HARALD, *plongé dans une rêverie profonde, entre sans voir Ordener; il dit après s'être assis:*

Dispolsen m'a certainement abandonné et trahi! Les hommes! les hommes sont comme ce glaçon qu'un Arabe prit pour un diamant; il le serra précieusement dans son havresac, et quand il le chercha il ne trouva même plus un peu d'eau.

ORDENER.

Je ne suis pas de ces hommes, seigneur comte.

HARALD.

Qui me parle? Seigneur, comte! est-ce pour me flatter que vous m'appelez ainsi? vous perdez vos peines, je ne suis plus puissant.

ORDENER.

Celui qui vous parle ne vous a jamais connu puissant et n'en est point moins votre ami.

HARALD.

C'est qu'il espère encore quelque chose de moi. Les souvenirs que l'on conserve aux malheureux se mesurent toujours aux espérances qui en restent.

ORDENER.

C'est moi qui devrais me plaindre, noble comte, car je me suis souvenu de vous, et vous m'avez oublié... Je suis Ordener!

HARALD, *avec joie.*

Ordener! soyez le bienvenu : mille vœux de bonheur au voyageur qui se souvient du prisonnier!

ORDENER.

Comte Harald, vous ne comptiez donc plus sur mon retour?

HARALD.

Le vieux captif n'y comptait plus; mais il a une jeune fille qui lui faisait remarquer ce soir même qu'un an s'est écoulé depuis votre absence.

ORDENER, *transporté.*

Votre Esilda, seigneur, a daigné compter les instans depuis mon départ!

HARALD.

Usez de votre liberté, jeune homme, tant que vous en jouissez... dites-moi, avez-vous toujours vos folles idées d'indépendance?

ORDENER.

Si je n'avais pas ces folles idées, je ne serais pas ici.

HARALD.

Et cependant, vous courez le monde, vous y avez un rang peut-être; car malgré votre discrétion tout annonce en vous une naissance élevée. Pauvre insensé, l'indépendance n'est que dans la retraite, l'isolement.

ORDENER.

Vous n'aimez pas les hommes, noble comte?

HARALD.

Je pleure d'être homme, et je ris de celui qui cherche à me consoler. Vous le saurez si vous l'ignorez encore, le malheur rend défiant comme la prospérité rend ingrat... mais apprenez-moi quel vent favorable a soufflé sur le capitaine Dispolsen? Il faut qu'il lui soit arrivé quelque chose d'heureux puisqu'il m'oublie.

ORDENER, *embarrassé.*

Dispolsen! seigneur, comte!... c'est pour vous en parler que je suis venu dès ce soir... je sais qu'il avait toute votre confiance.

HARALD.

Jeune homme, vous vous trompez; nul être au monde n'a ma confiance. Dispolsen tient, il est vrai, mes papiers les plus importans; c'est pour moi qu'il est allé à Copenhague près du roi; j'avouerai même que je comptais plus sur lui que sur tout autre, car dans ma prospérité je ne lui avais jamais rendu service.

ORDENER.

Eh bien! noble comte, je l'ai vu aujourd'hui.

HARALD.

Votre trouble me dit le reste, il est traître?

ORDENER.

Il est mort!

HARALD.

Mort!... (*Moment de silence.*) Quand je vous disais qu'il lui était arrivé quelque chose d'heureux... ce n'est pas lui que je plains, ce n'est qu'un homme de moins; ce n'est pas moi, qu'ai-je à perdre? mais ma fille, ma fille infortunée, que deviendra-t-elle si on lui enlève son père... comment Dispolsen est-il mort? où l'avez-vous vu?

ORDENER.

Je l'ai vu au spladgest, mort, assassiné.

HARALD.

Alors, je sais d'où le coup part; tout est perdu. Il m'apportait les preuves du complot qu'on trame contre moi... ils ont su les détruire... infortunée Esilda!

ORDENER.

D'après la nature des blessures de Dispolsen, on pense que son assassin est ce brigand fameux nommé Han d'Islande. Il a dépouillé le capitaine.

HARALD, *avec anxiété.*

Vous n'avez point entendu parler d'un coffret de fer scellé aux armes de ma maison?

ORDENER.

Non, seigneur; mais chacun sait que Han d'Islande, pour venger la mort d'un jeune mineur, qu'on dit être son fils, a juré l'anéantissement de tout ce qui porte l'uniforme des arquebusiers de Munckolm. Cette haine implacable du monstre pourrait être la seule cause du meurtre de Dispolsen.

HARALD.

Pauvre Esilda! malheureux coffret!

ORDENER, *vivement.*

Je vous le rapporterai, seigneur; le crime a été commis ce matin; Han d'Islande a, dit-on, fui vers le nord; j'ai souvent parcouru les monts du Drontheimbus, j'atteindrai le brigand.

HARALD.

Noble Ordener, adieu. Puissiez-vous réussir dans votre entreprise! le bonheur de ma fille en dépend.

(*Ordener presse la main du vieillard qui s'éloigne.*)

SCENE VII.

ORDENER, *seul.*

Le malheureux! ah! qu'il ignore encore mon nom! Que dirait-il en apprenant que je suis le fils du vice-roi, de celui qui depuis tant d'années le détient injustement, qui paie aujourd'hui ses services passés, trente années d'honneur et de probité par l'exil et la prison! O mon pere, que ne pouvez-vous comme moi connaître la vérité! Fatale condition des rois qu'une foule empressée, avide d'honneurs et de biens, environne sans cesse comme la nue voile la lumière! Mais quelle est cette jeune fille prosternée devant l'image de la mère du Sauveur ? C'est Esilda ; elle se relève et vient de ce côté... Heureux Ordener ! qu'elle est belle !

SCENE VIII.

ESILDA, ORDENER.

ESILDA, *entrant*.

Ah ! c'est Ordener ! c'est le seigneur Ordener.

ORDENER.

C'est lui, comtesse Esilda.

ESILDA.

Pourquoi m'appelez-vous comtesse ?

ORDENER.

Pourquoi m'appelez-vous seigneur ?

ESILDA.

Il y a sans doute long-temps que vous êtes à Drontheim ? Votre absence de ce château n'a pu vous paraître longue, à vous.

ORDENER.

Esilda !...

ESILDA.

Oh ! ne me regardez pas de cet œil sévère : vous ai-je offensé ? Ne pouvez-vous rien pardonner à une pauvre prisonnière, vous qui passez vos jours près de quelque belle et noble dame, libre et heureuse comme vous ?

ORDENER.

Qui, moi, comtesse ?

ESILDA.

Ne m'appelez pas ainsi, je ne suis plus comtesse pour personne, surtout pour vous.

ORDENER.

Eh bien ! mon Esilda, mon Esilda adorée, nomme-moi ton Ordener... Dis-moi, tu m'aimes donc encore ?

ESILDA.

Durant votre absence, je n'ai eu d'autre bonheur que la présence d'un infortuné, de mon père. Je passais de longs jours à le consoler et... à vous espérer.

ORDENER.

Chère Esilda !

ESILDA.

Cette prison où s'est jusqu'ici passée toute ma vie m'était devenue odieuse, et pourtant, avant votre arrivée, mon père l'avait toujours remplie pour moi ; mais vous n'y étiez plus, et je désirais cette liberté que je ne connaissais pas.

ORDENER.

Eh bien ! mon Esilda, je ne veux plus de oette liberté que tu peux partager.

ESILDA.

Quoi! Ordener, vous ne nous quitterez plus!

ORDENER.

Amie, il faut que je vous quitte encore jusqu'à ce que je revienne pour ne plus vous quitter.

ESILDA.

Hélas! absent encore!

ORDENER.

Esilda, il s'agit de la vie de votre père.

ESILDA.

De mon père!

ORDENER.

Oui, Esilda. Ce Han d'Islande, ce brigand soudoyé sans doute par les ennemis du comte, a en son pouvoir des papiers dont la perte compromet les jours déjà si détestés de votre père. Je veux lui reprendre ces papiers avec la vie.

ESILDA.

Ah! tu ne connais donc pas ce Han, ce brigand infernal? Sais-tu qu'il commande à toutes les puissances des ténèbres? sais-tu qu'il renverse des montagnes sur des villes? que son souffle éteint les fanaux sur les rochers? On a vainement essayé de le combattre, il a détruit des bataillons entiers. Et crois-tu, Ordener, résister seul à ce géant, aidé du démon, avec ta frêle épée?

ORDENER.

Et vos prières, Esilda, et l'idée que je combats pour vous! Sois-en sûre, mon Esilda, on t'a beaucoup exagéré le pouvoir et la force de ce brigand. C'est un homme comme un autre, qui donne la mort jusqu'à ce qu'il la reçoive.

ESILDA.

Si tu meurs, ami, que veux-tu que je devienne?

ORDENER.

Si je reste, amie, que deviendra ton malheureux père?

ESILDA

Mon père!... Va donc, ô mon Ordener! et si tu ne reviens pas, la douleur sans espoir tue: j'aurai cette lente consolation. Ami, que ce portrait d'Esilda t'accompagne! qu'il soit plus heureux que moi!

ORDENER.

Lui et ton souvenir ne quitteront pas mon cœur.

(*Ordener dépose un baiser sur le front de la jeune fille, et s'éloigne par la gauche. Esilda s'éloigne par la droite.*)

TROISIÈME TABLEAU.

Le théâtre change et représente le Spladgest. (Minuit sonne.)

SCENE IX.

SPIAGUDRY, *portant un livre d'une main et une lampe de l'autre, entre par la droite. Il lit :*

« Quand un homme allume sa lampe, la mort est chez lui « avant qu'elle soit éteinte. » Non, déplaise au savant docteur, il n'en sera point ainsi de moi ce soir, et je vais me mettre au lit...

UNE VOIX, *dans la coulisse.*

Spiagudry !

SPIAGUDRY, *tressaillant.*

Qu'est-ce que j'entends là !...

LA VOIX.

Spiagudry !!...

SPIAGUDRY, *montrant la salle des morts.*

Cette voix part de là... Bienheureux saint Hospice, ayez pitié de moi ! (*La porte de la grille s'ouvre. Un petit homme, vêtu de peaux de différentes fauves, ayant la barbe et les cheveux roux et crêpus, armé d'un large poignard et d'une hache, sort de la salle des morts. Il dit à Spiagudry, qui tremble de tout son corps*) : Sais-tu, vieux spectre, que tu m'as fait attendre bien long-temps. Avais-tu donc envie, en me retardant, d'échanger ta couche de paille contre une de ces couches de pierre ? Eh bien ! est-ce que ma présence ne t'est pas agréable ?

SPIAGUDRY, *se courbant jusqu'à terre.*

Au contraire, maître. Peut-il exister pour moi un bonheur plus grand que la vue de votre excellence...

HAN, *d'un air sombre.*

Vieux renard ! Mon excellence t'ordonne de lui répondre. Sais-tu le nom du soldat qui a eu le malheur d'être préféré à Gill Stadt, par cette fille qui est là, près de lui ?

SPIAGUDRY.

Maître, pardonnez... je l'ignore.

HAN, *après un rugissement.*

Eh bien ! par la hache d'Ingolph, le chef de ma race, j'exterminerai tous les porteurs d'uniformes pareils au sien. Celui dont je veux vengeance se trouvera dans le nombre peut-être. Je l'ai juré du jour où Gill est mort, et je lui ai donné déjà un compagnon qui doit réjouir son cadavre. (*Il s'approche de la grille et considère les restes du jeune mineur.*) O mon fils, te voilà donc là, sans force et sans vie, aussi froid que la pierre sur laquelle tu reposes; toi qui, naguère encore, semblable à ton père, étouffais dans tes bras l'ours de la Norwége! Tu n'es plus toi, mon sang, l'unique espoir de ma race, le seul lien qui m'attache à cette terre. Ah! que n'as-tu, comme moi, vécu loin des hommes, au milieu des forêts, n'entendant d'autres voix que celles des tempêtes, je n'aurais pas aujourd'hui à maudire ta faiblesse, à déplorer ta mort... O rage, et je ne peux prier!!... Faut-il que la fatale passion qu'alluma dans ton cœur cette misérable créature t'ait conduit au tombeau. Triste jouet du caprice d'une femme, tu cherchais de l'or pour enrichir ta maîtresse, tu as trouvé la mort!... Ah! malheur à moi qui t'ai laissé périr; malheur à toi, race humaine dont les lâches passions ont causé l'anéantissement du seul être qui affaiblissait la haine que je te porte. Tremble de ma vengeance, elle sera terrible; car mon fils n'héritera pas de ma hache de pierre; c'est lui au contraire qui va me léguer son crâne pour y boire désormais l'eau des mers et le sang des hommes...

(*En achevant ces mots, Han arrache ses gants de peaux et laisse voir ses mains armées d'ongles aigus semblables à ceux d'une bête fauve, et, saisissant son poignard, il se dispose à pénétrer dans la salle des morts.*)

SPIAGUDRY, *suppliant.*

Juste Dieu, maître, un mort!...

HAN.

Aimes-tu mieux que cette lame s'aiguise ici sur un vivant?

SPIAGUDRY.

Comment votre excellence peut-elle ainsi profaner... votre seigneurie... votre grâce...

HAN.

Finiras-tu, vieux squelette vivant!

SPIAGUDRY.

Par saint Usuph, par saint Hospice!

HAN.

Ne parle pas de saints au diable! laisse-moi, te dis-je!!!

(*Han pénètre pour un moment dans la salle des morts.*)

SPIAGUDRY, *s'écriant.*

Que saint Waldemar ait pitié, non de mon ame, mais de mon corps!

HAN, *reparaissant et cachant quelque chose sous ses vêtemens.*

Le voilà! O mon fils, c'est donc tout ce qui me reste de toi! exécrable soif de l'or, c'est elle qui t'a perdu!

SPIAGUDRY, *d'un ton patelin.*

L'excellence a raison; l'or lui-même s'achète souvent trop cher.

HAN.

Tu m'y fais songer... approche. Voici une boîte de fer que j'ai trouvée sur cet officier; elle est si solidement fermée qu'elle doit contenir de l'or... tu la remettras à la veuve Stadt, au hameau de Walbourg, pour lui payer son fils. Je te crois encore plus lâche qu'avare, et tu me réponds de ce coffre.

SPIAGUDRY.

Oh! maître, sur mon ame...

HAN.

Ton ame? non pas! sur ta chair et sur tes os. (*Deux grands coups frappés à la porte extérieure retentissent en ce moment.*) Qu'est-ce là? quelque mort pressé d'entrer, sans doute?

SPIAGUDRY, *tout tremblant.*

Non, maître; on n'amène pas de morts passé minuit.

(*Nouveaux coups.*)

HAN.

Mort ou vivant, il me chasse. Je sors par ce plafond à jour qui m'a permis d'entrer... toi, Spiagudry, sois fidèle et muet; tu passeras dans ton auberge de cadavres tout le régiment de Munckolm en revue, je te le jure sur le crâne de Gill. (*Han disparaît.*)

SCENE X.

SPIAGUDRY, ORDENER.

ORDENER, *de l'extérieur.*

Ouvrez, de par le vice-roi!

SPIAGUDRY *court ouvrir la porte en s'écriant.*

Ah! pauvre Spiagudry, c'en est fait de toi!

ORDENER, *entrant.*

En honneur, vieillard, je commençais à croire que c'étaient les morts logés dans cet édifice qui étaient chargés d'en ouvrir la porte.

SPIAGUDRY.

Pardonnez, seigneur, je dormais profondément.

ORDENER.

Il paraît que vos morts ne dormaient pas, car c'étaient eux sans doute que j'entendais tout à l'heure causer distinctement. Au surplus, je ne suis pas venu ici pour m'occuper de vos affaires, mais pour vous parler des miennes.

SPIAGUDRY.

Parlez, seigneur, ou plutôt donnez-vous la peine de passer dans mon laboratoire.

ORDENER.

Non; c'est à ces cadavres qu'il faut nous arrêter.

SPIAGUDRY, *stupéfait.*

A ces cadavres!... mais, seigneur, vous ne pouvez les voir.

ORDENER, *arrachant la lampe de la main du concierge et se dirigeant vers la salle des morts.*

Comment! je ne puis voir ces corps, qui sont là pour être

vus? Obéissez de gré, vieillard, ou vous obéirez de force. Montrez-moi les vêtemens du capitaine Dispolsen?

SPIAGUDRY.

Grand saint Usuph, ayez pitié de moi!

ORDENER, *reculant plein d'horreur.*

Juste Dieu! quelle abominable profanation!

SPIAGUDRY, *suppliant.*

Oh! seigneur, grace, ce n'est pas moi... si vous saviez... Avez-vous vu quelqu'un sortir de cet édifice?

ORDENER.

Ton complice, peut-être?

SPIAGUDRY, *à genoux.*

Non; c'est le coupable, le seul coupable. J'en jure par ce corps même, si indignement profané.

ORDENER, *d'un ton plus doux.*

Vieillard, relève-toi, et si tu n'as point outragé la mort, du moins n'avilis pas la vieillesse. Quel est le coupable? nomme-le!

SPIAGUDRY.

Au nom du ciel, seigneur, ne parlez pas ainsi, de peur...

ORDENER, *tirant à moitié son sabre.*

La peur ne me fera point taire et te fera parler.

SPIAGUDRY.

Eh bien! le profanateur de ce cadavre est l'assassin de cet officier. Remarquez ces profondes déchirures, produites par des ongles longs et tranchans, sur le corps de ce malheureux; elles vous nomment l'assassin.

ORDENER.

Comment! Est-ce quelque bête fauve? un ours?

SPIAGUDRY.

Non, mon jeune seigneur.

ORDENER.

En ce cas, hâte-toi de me dire son nom.

SPIAGUDRY.

Eh bien, c'est... c'est Han d'Islande!

ORDENER.

Han d'Islande! cet exécrable bandit?

SPIAGUDRY.

Ne l'appelez pas bandit, car il vit toujours seul.

ORDENER.

Puisque tu le connais si bien, dis-moi où se cache ce Han d'Islande?

SPIAGUDRY.

Il ne se cache jamais; il erre toujours.

ORDENER.

Si tu n'es pas son complice, tu n'hésiteras pas à me conduire à sa recherche.

SPIAGUDRY.

Vous, noble seigneur, vous plein de jeunesse et de vie, courir à une mort certaine!

ORDENER.

Écoutez : cette profanation dont je veux bien vous croire innocent, vous expose au châtiment des sacriléges. Il faut fuir; je vous offre ma sauvegarde, mais à condition que vous me conduirez à la retraite du brigand. Soyez mon guide, je serai votre protecteur. Si j'atteins Han d'Islande, je l'amènerai ici mort ou vif. Vous pourrez alors prouver votre innocence. Voici, en attendant, plus d'écus royaux que vous n'en gagnez par an.

SPIAGUDRY.

Merci, maître, mais veuillez ne pas oublier que j'ai fait tout ce que j'ai pu pour vous détourner de votre aventureux dessein.

ORDENER.

Soit. Je compte sur votre loyauté.

SPIAGUDRY.

Ah! maître, la foi de Spiagudry est aussi pure que l'or que vous venez de lui donner.

ORDENER.

Qu'il n'en soit pas autrement, car je vous prouverais que le fer que je porte n'est pas de moins bon aloi que mon or. Partons.

SPIAGUDRY.

Partons.

(*Ici une sorte de grondement se fait entendre. Spiagudry tressaille.*)

ORDENER.

N'y a-t-il ici d'autre habitant vivant que vous?

SPIAGUDRY.

Ah! vous me rappelez mon aide Oglipiglap, un Lapon qui, lorsqu'il dort, fait autant de bruit qu'une vieille femme qui veille.

(*Au moment où Ordener et Spiagudry vont disparaître, Han entr'ouvre la porte de la salle des morts, et pousse un second rugissement, en adressant un geste menaçant au jeune homme et à son guide.*)

TABLEAU.

FIN DU PREMIER ACTE.

ACTE II*.

QUATRIÈME TABLEAU.

Le théâtre représente une profonde vallée ; au fond, un lac et des montagnes boisées.

SCENE PREMIERE.

LE COMTE D'ALEFELD ET FRÉDÉRIC, *en costumes de chasseurs*, KENNIBOL, VILLAGEOIS, VILLAGEOISES, *et* QUELQUES SOLDATS.

(*Au lever du rideau des danses occupent la scène. Fête villageoise. Des marchands de toutes espèces offrent leurs services aux villageois qui se pressent autour d'eux. Dans l'éloignement plusieurs jeunes gens, rivalisant d'adresse, s'efforcent d'abattre, avec leurs arquebuses, un oiseau placé au haut d'un mât*, etc.)

FRÉDÉRIC, *d'un air impérieux à Kennibol, qui attire vers lui une jeune villageoise.*

Eh bien! qu'est-ce que prétend cet insolent soldat?

KENNIBOL.

Doucement, monsieur l'officier, cette jeune fille est ma fiancée, et je ne souffrirai pas qu'après l'avoir fait danser pendant deux longues heures, contre toute bienséance, vous vous permettiez encore de lui tenir des propos qu'elle ne doit pas entendre. Moi, soldat depuis huit ans, je défends à vous, officier depuis huit jours, de reparler à cette jeune fille.

FRÉDÉRIC.

Drôle! sais-tu bien à quoi tu t'exposes?

KENNIBOL.

Soldat cicatrisé, je suis ici au sein de ma famille, de l'aveu de mes chefs et dispensé, pour l'instant, de toute sujétion envers vous... Au surplus, comme vous je porte un cœur d'homme et une épée d'acier.

FRÉDÉRIC.

Je châtierai...

(*) A la représentation on a cru devoir réunir les scènes de la Ruine d'Arbar à celles de la Grotte de Walderhog pour n'en faire qu'un tableau ; nous n'engageons cependant pas MM. les Directeurs qui voudraient monter cet ouvrage à suivre cette marche; nous leur conseillons, au contraire, de terminer le second acte par la Ruine d'Arbar, et de commencer le troisième par la Grotte de Walderhog. Cette disposition nous semble être préférable (*Note des auteurs.*)

LE COMTE D'ALEFELD, *sortant de la foule, saisissant son fils par le bras et l'entraînant sur l'avant-scène.*

Imprudent! qu'allez-vous faire? Vous ai-je fait sortir du donjon de Munckolm et ordonné de me rejoindre en ces lieux, pour vous quereller avec ces soldats? (*Le ballet, qui avait été interrompu au moment de la querelle de Kennibol et Frédéric, continue.*) Ecoutez-moi, mon fils, ce que j'ai à vous dire est de la plus haute importance. Il est temps de vous faire connaître ma position et les services que j'attends de vous. Le mariage de votre sœur avec le fils du vice-roi ne suffit plus pour me maintenir en faveur auprès du prince, si Harald n'est en même temps tout-à-fait renversé. Du fond de sa prison, ce vieux ministre est encore aussi redoutable que dans son palais. Déjà le roi se refroidit à mon égard. Un intrigant, nommé Dispolsen, a obtenu de lui plusieurs audiences secrètes. On ignore à quoi Harald aspire, mais ne désirerait-il que la liberté, pour un prisonnier d'état, c'est désirer le pouvoir. Il faut donc qu'il meure judiciairement, c'est à lui forger un crime que nous travaillons.

FRÉDÉRIC.

Plus bas, mon père.

LE COMTE, *rapidement.*

Sous prétexte d'inspecter incognito les provinces du nord, je viens provoquer une insurrection qu'ensuite il me sera facile d'étouffer. Ce qui m'inquiète, c'est la perte de plusieurs papiers importans relatifs à ce plan, et que j'ai tout lieu de croire au pouvoir de Dispolsen.

FRÉDÉRIC.

Dispolsen! mais, seigneur, le bruit courait hier à Munckolm que cet officier venait d'être assassiné sur les grèves d'Urchtal.

LE COMTE.

Je le sais, mais aucuns papiers n'ont été trouvés sur lui. Au surplus, nous verrons. En ce moment, je suis à la recherche d'un brigand fameux, Han d'Islande, que j'ai dessein de mettre à la tête de la révolte des mines.

FRÉDÉRIC.

Ordonnez, je suis prêt à vous suivre.

LE COMTE.

J'ai donné rendez-vous à plusieurs de mes gens armés, de l'autre côté du lac Sparbo; partez, mon fils, vous mettre à leur tête. Moi, je reste en ces lieux, où j'espère recueillir quelques renseignemens nécessaires à nos projets. Côtoyez la montagne, ne vous détournez pas de votre route. Demain, avant l'aube du jour, je vous aurai rejoint.

(*Frédéric s'éloigne par la gauche, et d'Alefeld rentre dans la foule.*)

SCENE II.

LES VILLAGEOIS, ORDENER, SPIAGUDRY, UN INCONNU.

SPIAGUDRY, *à Ordener qui entre avec lui par la droite.*

Par ici, maître! Enfin nous voici arrivés au lieu de cette fête dont nous entendons le bruit depuis si long-temps; cependant, je vous conseille de ne pas vous y arrêter, si nous voulons arriver au plus prochain village avant que ce gros nuage noir ne fonde en eau sur nous. (*Un syndic vêtu de noir et précédé d'un tambour arive; les danses cessent, tout le monde se groupe autour d'eux. On distingue dans la foule le grand chancelier.*)

LE SYNDIC, *lisant à haute voix.*

« Au nom du roi, on fait savoir à tous les habitans de cette « province que, premièrement, la tête de Han, natif d'Islande, « assassin et incendiaire, est mise au prix de mille écus royaux.» (*Vif murmuré parmi les assistans.*) « Deuxièmement: la tête de Bé- « nignus Spiagudry, nécroman et sacrilége, ex-gardien du splad- « gest de Drontheim, est mise au prix de quatre écus royaux.» (*Éclats de rire.*) La tête de ces deux hommes est offerte à qui voudra la prendre. (*Frayeur de Spiagudry qui cherche vainement à entraîner son maître.*)

UNE JEUNE FILLE.

La tête de Han à prix! On ferait tout aussi bien de mettre à prix la tête du diable; car on prétend qu'il a, comme lui, le pied fourchu et de grandes ailes de chauves-souris.

KENNIBOL.

Qui vous a fait ces contes, jeune fille? je l'ai aperçu ce matin, moi, ce Han d'Islande, dans les gorges de Kole. C'est un homme fait comme nous, seulement il a la hauteur d'un peuplier de quarante ans.

UN INCONNU, *couvert d'un chapeau de paille et d'une natte de jonc.*

Vraiment?... (*Spiagudry tressaille.*)

UN VILLAGEOIS.

Qu'il ait quatre ou quarante brasses de hauteur, ce n'est pas moi qui me chargerai d'y aller voir.

TOUS.

Ni moi! ni moi!

L'INCONNU.

Cependant, celui qui en serait tenté trouvera Han d'Islande, demain, dans la ruine d'Arbar, après-demain dans la grotte de Walderhog.

ORDENER, *vivement.*

En êtes-vous sûr?

L'INCONNU, *après l'avoir considéré un instant, et d'une voix sourde.*

Oui.

LE COMTE D'ALEFELD.

Et comment le savez-vous pour pouvoir l'affirmer?

L'INCONNU.

Je sais où est Han d'Islande, comme je sais où est Bénignus Spiagudry. Ni l'un ni l'autre ne sont loin d'ici en ce moment.

SPIAGUDRY, *tout tremblant et bas à Ordener.*

Éloignons-nous, de grace, maître! par pitié, sortons de ce maudit faubourg d'enfer!... (*L'orage qui depuis l'arrivée de l'inconnu a été toujours croissant éclate en ce moment; la foudre tombe et brise un arbre non loin du groupe. Tout le monde effrayé se disperse et disparaît.*)

CINQUIÈME TABLEAU.

Le théâtre change et représente l'intérieur d'une chambre rustique de la plus lugubre apparence. Le fond, ouvert en quelques parties, laisse apercevoir des rochers, un précipice et des ravins. Portes latérales : celle de gauche n'est fermée que par un pan de tapisserie. Du feu dans la cheminée; une table et des chaises. Des instrumens de supplice sont placés çà et là à droite et au fond, le long des murs. Fin de l'orage.

SCENE III.

BÉCHLIE, *seule assise près du foyer et filant au fuseau.*

Quel ouragan terrible! Encore un comme celui-là et il emportera au fond de ces gouffres ce que ses prédécesseurs ont épargné de cette tour maudite du ciel et des hommes... Mais sept heures viennent de sonner et Orugix n'arrive pas. Qui peut le retenir?... On dresse la potence à midi, et il ne faut que six heures pour venir de Skougen à Wygla.—Y aurait-il eu surcroît de besogne? (*Bruit en dehors.*) Enfin, c'est lui!

SCENE IV.

BÉCHLIE, ORDENER, SPIAGUDRY.

BÉCHLIE, *sèchement.*

Des étrangers! — Que venez-vous chercher ici?... Ce ne sont pas des hommes qui vous ont indiqué ces ruines pour abri, car tous vous auraient dit : mieux vaut l'éclair de la tempête que le foyer de la tour maudite. Croyez-moi, regagnez le chemin, et ne dites à personne que votre visage ait été éclairé par la lampe des hôtes de ce lieu.

ORDENER.

Bonne femme, il faudrait être fou pour continuer sa route au milieu des précipices de ces montagnes, après un pareil temps.

BÉCHLIE.

Malheureux, ne frappez pas au seuil de celui qui ne sait ouvrir d'autre porte que celle du sépulcre.

ORDENER.

Dût la porte du sépulcre s'ouvrir en effet pour moi avec la vôtre, il ne sera pas dit que j'aurai reculé devant une parole sinistre. Mon sabre me répond de tout. Allons, prenez cet or.

BÉCHLIE, *recevant la bourse.*

De l'or! s'il peut garantir des orages du ciel, il ne sauve pas du mépris des hommes. Eh bien! restez donc... je vais préparer cette chambre pour vous recevoir. (*Elle entre dans la première coulisse à droite.*)

SCÈNE V.

ORDENER, SPIAGUDRY.

SPIAGUDRY.

Que saint Hospice nous protége! vous l'avez voulu, maître. Puissions-nous n'avoir pas à nous repentir d'être entrés dans cet oratoire du démon!... Juste Dieu, maître, une potence!

ORDENER.

Oui, et voilà des scies de bois et de fer, des chaînes, des carcans; voici un chevalet et de grandes tenailles.

SPIAGUDRY.

Grands saints du paradis, où sommes-nous?

ORDENER, *continuant son inspection.*

Un rouleau de corde de chanvre, des pinces, une hache...

SPIAGUDRY.

C'est donc le garde-meuble de l'enfer!

ORDENER.

En effet, tout ceci est étrange, et je commence à regretter que mon imprévoyance vous ait entraîné jusqu'ici.

SPIAGUDRY.

Il est bien temps.

ORDENER.

Ne vous effrayez pas... qu'importe le lieu où vous êtes, j'y suis avec vous.

SPIAGUDRY.

Bien obligé.

ORDENER.

Ne sommes-nous pas armés?

SPIAGUDRY.

Belle défense! un sabre de trente pouces contre une potence de trente coudées! Juste ciel, maître!... (*Il a soulevé la tapisserie qui ferme l'une des portes de gauche.*) Regardez là, au fond, sur ce tas de paille, dans l'ombre.

ORDENER.

Eh bien!

SPIAGUDRY.

Trois corps immobiles... trois cadavres, trois dépendus, peut-être...

ORDENER.

Ne voyez-vous pas que ce sont de jeunes enfans couchés sur cette paille? (*On frappe violemment à la porte extérieure.*)

SCENE VI.

LES PRÉCÉDENS, BÉCHLIE, *ensuite* HAN *déguisé en ermite.*

BÉCHLIE, *ouvrant.*

Encore un étranger! On n'entre pas.

HAN, *avec une douceur feinte que trahit sa violence.*

Femme; tais-toi; je resterai. Le tonnerre entre sans qu'on lui ouvre la porte.

SPIAGUDRY, *à Ordener avec effroi.*

Entendez-vous?... malheur, malheur à nous!

HAN, *d'un air benin et moqueur.*

Accueillez-moi, digne hôtesse, et Dieu vous bénira. Vous vieillirez avec votre époux, vos enfans croîtront entourés de l'estime des hommes, et seront ce qu'aura été leur père...

BÉCHLIE.

C'est en restant ce que nous sommes que nos enfans vieilliront comme nous dans le mépris des hommes, transmis sur notre race de génération en génération.

ORDENER.

Qui donc êtes-vous, de quels crimes êtes-vous coupables?

BÉCHLIE.

Qu'appelez-vous crimes? qu'appelez-vous vertus? nous jouissons ici d'un privilége. La loi nous commande. Nous ne pouvons avoir de vertus, ni commettre de crimes.

SPIAGUDRY.

Cette femme est folle.

BÉCHLIE, *s'avancant sur Spiagudry, qui recule à mesure.*

Folle! non. Mais puisque vous le voulez, apprenez où vous êtes. J'aime mieux faire horreur que pitié. Je ne suis pas une folle, mais la femme du... (*Ici on frappe à la porte, et une voix appelle en même temps* : Béchlie !)

BÉCHLIE, *courant ouvrir*

C'est sa voix ; c'est lui enfin !

SCENE VII.

LES PRÉCÉDENS, ORUGIX.

ORUGIX.

Oh ! oh ! que de visiteurs ! Femme, vienne un orage, et il y aura foule pour s'asseoir à notre table exécrée, et s'abriter sous notre toit maudit.

BÉCHLIE.

Je n'ai pu empêcher...

ORUGIX.

Eh qu'importe ! l'or est aussi bien gagné en hébergeant un voyageur qu'en étranglant un bandit. Ne vous dérangez pas, messeigneurs. Je vous remercie, frère ermite, de la bénédiction que chaque matin, à votre passage sur la colline, je vous vois donner à ma demeure... (*l'examinant.*) Mais en vérité, jusqu'ici, vous m'aviez paru de haute taille, et cette barbe si noire m'avait semblé blanche. (*Han se détourne et rit.*) Holà ! Béchlie, sers-nous ce quartier d'agneau et mettons-nous à table, j'ai faim. J'ai été retardé au village de Burlock par ce maudit docteur Manryll ; qui ne voulait me donner que douze escalins du cadavre... On en donne quarante à ce vieux gardien du spladgest de Drontheim, que l'enfer confonde !... Eh bien ! qu'avez-vous donc, messire ? est-ce le vent qui a ainsi ramené votre perruque sur votre visage ?

SPIAGUDRY, *balbutiant.*

Oui, seigneur... le vent, la pluie, l'orage.

ORUGIX, *riant.*

Allons, enhardissez-vous, morbleu ! et faisons connaissance ; si vos discours tiennent ce que promet votre vue, vous devez être amusant à pendre. (*On se met à table.*)

SPIAGUDRY, *bas, et faisant une horrible grimace.*

Merci ! (*haut.*) Le maître plaisante...

ORUGIX.

Du tout. Mais tenez, mes hôtes, goûtez de cette bière et soupons joyeusement ; car, tel que vous me voyez, je suis philosophe sans souci, moi, et dans ma profession, tout aussi heureux qu'un autre homme : ma foi, je ris, je bois, je mange, je pends et je dors.

ORDENER, *à part.*

Il tue et il dort !... L'infortuné !

HAN.

Que ce misérable est heureux!

ORUGIX.

Heureux! oui, frère ermite. Tenez, le métier serait bon si l'on n'en ruinait pas les bénéfices... C'est pour cela que j'en veux surtout à ce damné de gardien des morts de Drontheim; quel est son nom déjà, Spluigry, Spagudry!...

SPIAGUDRY, *faisant un bond sur son siége.*

Diable! gardons l'incognito.

ORUGIX, *à Spiagudry.*

Dites-moi, mon vieux docteur, ne pourriez-vous pas m'aider à trouver le nom de ce sorcier, votre confrère?... Vous ne répondez pas; est-ce que votre perruque vous rend sourd?

SPIAGUDRY.

Non, maître, je ne connais pas cet homme... et puisqu'il a le malheur de vous déplaire, je serais certes bien fâché de le connaître.

HAN.

Je le connais, moi. Il se nomme Benignus Spiagudry; il est grand, vieux, sec et chauve... (*Spiagudry porte la main à sa perruque.*) Il a les mains longues comme celles d'un voleur qui n'a pas rencontré de voyageur depuis huit jours... (*Spiagudry cache ses mains.*) Le dos courbé... (*Spiagudry se redresse.*)

ORUGIX.

Merci, père, je le reconnaîtrai; et si jamais son cou tombe entre mes mains...

ORDENER.

Mais quels torts avez-vous à lui reprocher?

ORUGIX.

Son commerce ressemble au mien. Il fait tout ce qu'il peut pour me nuire. Croiriez-vous qu'il pousse l'impudence jusqu'à me disputer la propriété de Han d'Islande?

HAN, *brusquement.*

Han d'Islande!...

ORUGIX.

Vous connaissez ce fameux brigand?

HAN.

Oui.

ORUGIX.

Tout brigand revient au bourreau, n'est-il pas vrai? Que fait cet infernal Spiagudry? Il a demandé qu'on mît à prix la tête de Han...

HAN, *grinçant les dents.*

C'est lui qui l'a demandé?

ORUGIX.

Oui, vous dis-je, et cela uniquement pour que le corps lui revienne, et que je sois frustré de ma propriété.

HAN, *avec un rire diabolique.*

Voilà qui est infâme!

ORUGIX.

Mais je mettrai ordre à cela. Frère ermite, le jour de l'arrestation de Han, venez me voir, nous immolerons un pourceau gras en réjouissance.

HAN.

Volontiers. Mais savez-vous si je serai libre ce jour-là?...

SPIAGUDRY, *l'examinant et à part.*

Quel son de voix!

HAN, *fixant Spiagudry à son tour.*

Maître Orugix, quel est donc le supplice des sacriléges? du profanateur d'un mort, par exemple?

ORUGIX, *vidant son verre avec indifférence*

Autrefois on l'enterrait vivant avec le cadavre profané.

HAN.

Et maintenant?

ORUGIX.

Oh! maintenant, on est beaucoup plus doux.

SPIAGUDRY.

Beaucoup plus doux!...

ORUGIX.

On lui imprime d'abord un S sur le gras des jambes...

SPIAGUDRY, *cachant ses jambes et respirant à peine.*

Et... ensuite?

ORUGIX.

On se contente de le pendre.

SPIAGUDRY.

Miséricorde, de le pendre!...

ORUGIX.

Qu'a donc ce vieux fou? il me regarde de l'air dont le patient regarde le gibet.

HAN.

Je vois avec plaisir qu'on est revenu à des principes d'humanité... (*Grand bruit au dehors, étonnement général.*)

ORUGIX.

Quel bruit! va voir, Béchlie, ce que ce peut être.

BÉCHLIE, *au fond.*

C'est un voyageur en danger de périr sur le bord du lac. Un animal furieux le poursuit...

ORUGIX, *après s'être levé de table.*

C'est l'ours des ruines, le second fléau de la contrée!

HAN, *à part, après avoir regardé au dehors.*

Friend! il n'a rien à craindre d'eux.

TOUS.

Volons au secours de ce malheureux!... (*Ils sortent tous, excepté Spiagudry. Han ne demeure que peu d'instans dehors; on le voit bientôt rentrer dans son costume ordinaire, vêtu de peaux et armé de sa hache. Il se place derrière Spiagudry, et lui fait des gestes menaçans pendant le monologue suivant.*)

SCENE VIII.

SPIAGUDRY, HAN, *au fond.*

SPIAGUDRY.

Oui, courez, courez. Si ce n'était la peur d'être rejoint plus tard, je courrais aussi, mais d'un autre côté. — J'y songe; si en leur absence, je m'occupais à briser l'enveloppe de fer qui contient mes richesses, car je considère bien ce coffret comme m'appartenant, la dépouille des morts, mes pensionnaires, me revenant de droit... Au surplus, un voleur qui en vole un autre le diable s'en rit, et si quelqu'un tenté par les quatre écus royaux, me reconnaît et m'arrête à l'aide de ce trésor, il me sera facile de me racheter... Ainsi cette bienheureuse cassette m'aura sauvé... (*Au moment où Spiagudry assis à terre et armé d'un marteau, se dispose à briser la fermeture du coffret, le redoutable Han se trouve devant lui.*)

SPIAGUDRY, *glacé.*

Ah!... juste ciel! qu'ai-je vu!...

HAN.

C'est moi! Cette cassette t'aura sauvé, dis-tu?... (*Il rit, puis ajoute d'un air sombre :*) Spiagudry, est-ce ici le chemin de Walbourg?

SPIAGUDRY.

Walbourg... seigneur... maître... j'y allais...

HAN, *d'une voix de tonnerre.*

Tu allais à Walderhog; tu me conduisais un ennemi! Merci! ce sera un vivant de moins... Ecoute, tu m'as trahi!

SPIAGUDRY.

Non, votre grace, non, excellence...

HAN, *le fixant avec des yeux dévorans.*

Tu voudrais me tromper encore. Ne l'espère plus... J'étais sur le toit du spladgest quand tu as scellé ton pacte avec cet insensé jeune homme. C'est moi dont tu as entendu les pas et la voix; c'est moi que tu as vu il n'y a qu'un instant; c'est moi!!!...

SPIAGUDRY.

Grace!...

HAN, *avec un rire affreux.*

Demande plutôt ton salut à cette cassette dont tu l'attendais tout à l'heure.

SPIAGUDRY, *à genoux.*

Mon doux maître!...

HAN.

Je t'avais recommandé d'être fidèle et muet; tu n'as pu être fidèle, à l'avenir tu seras muet.

SPIAGUDRY, *demi-mort.*

Grace! miséricorde!...

HAN.

Ne crains rien; je ne te séparerai pas de ton trésor. Ne te désole pas de laisser ton jeune compagnon sans guide. Je te promets qu'il ira où tu vas... Tu ne fais que lui montrer le chemin... — Allons! (*Han saisit le pauvre concierge de sa main de fer et l'entraîne sur les rochers d'où il le précipite dans le lac.*)

ORDENER, *reparaissant.*

Quel cri de mort s'est fait entendre?... Spiagudry!... — Ah! malheureux, c'est moi qui ai causé sa perte... (*Han s'éloigne après avoir poussé un rugissement de satisfaction. Orugix, Béchlie et quelques paysans attirés par les cris de Spiagudry, arrivent et s'arrêtent glacés d'effroi.*)

TABLEAU.

FIN DU SECOND ACTE.

ACTE III.

SIXIÈME TABLEAU.

Le théâtre représente l'intérieur de la ruine d'Arbor. C'est une sombre et profonde galerie; elle se termine tout à coup à droite aux trois quarts de la scène, par quelques marches en pierre qui semblent avoir appartenu autrefois à un escalier et qu'un éboulement des terres a laissées suspendues au-dessus d'un précipice.

SCENE PREMIERE.

HAN, *seul.*

(*Il paraît baissé vers un objet placé à gauche, derrière les décombres et qu'on ne peut apercevoir, se redresse, et portant à ses lèvres une coupe de forme bizarre, il semble savourer à longs traits son contenu. Tout-à-coup il s'écrie.*): On marche dans la galerie! Serait-ce déjà le chancelier des deux royaumes... (*Éclats de rire.*) Non; ce n'est pas un homme, mais c'est toujours un ennemi, c'est un loup. Ses yeux brillent, il est affamé; et l'odeur des cadavres l'attire. Il attirera bientôt aussi les loups affamés, lui. — Sois le bienvenu, loup du Smiasen. Tu es si vieux qu'on dit que tu ne peux mourir. On ne le dira plus demain. (*Il s'élance sur le loup qui paraît à droite, l'étreint fortement, et le jette à terre mort, étranglé. Une masse blanche et velue qu'on aperçoit parmi ces décombres se lève et s'anime; c'est un ours. L'homme s'écrie avec un rugissement et lui donnant un coup de pied*) : Friend! qu'est-ce qui t'appelle? Va-t-en! (*L'ours se retire à l'endroit où l'homme était d'abord.*) Te voilà mort, loup terrible; tu as dévoré bien des voyageurs égarés, mais tu es mort à ton tour. Tu ne mangeras plus d'hommes; c'est dommage. (*puis entendant un léger bruit à gauche, il s'écrie*): Friend! ah! misérable Friend!... Ici! viens ici! (*montrant le cadavre du loup.*) Voici ta proie, laisse-moi la mienne. (*L'ours flaire le loup et secoue la tête d'un air mécontent.*) J'entends, cela est déjà trop mort pour toi. Tu es raffiné dans tes voluptés, Friend, autant qu'un homme. Tu veux que ta nourriture vive encore au moment où tu la déchires. Tu ne jouis que de ce qui souffre, nous nous ressemblons; car je ne suis pas un homme, je suis au-dessus de cette espèce misérable, je suis une bête féroce comme toi. (*Caresses de l'ours.*) Je voudrais que tu pusses parler, compagnon Friend, pour me dire si elle égale ma joie, la joie dont palpitent tes entrailles d'ours quand tu dévores des entrailles d'homme; mais non, je ne voudrais pas t'entendre parler, de peur que ta voix ne me rappelât la voix humaine. (*L'ours se roule à terre comme pour s'efforcer de complaire à son maître.*) Oui, gronde à mes pieds, j'aime tes cris rauques et ta gueule velue; ils épouvantent l'homme. — Tu as, ainsi que moi, les dents blanches; cependant ce n'est point notre faute si elles ne sont point rouges comme une plaie nouvelle; mais le sang lave le sang. (*Bruit extérieur; Han se lève de la pierre sur laquelle il était assis.*) Lève-toi, Friend, voici justement un homme. Quand on parle d'enfer, Satan montre sa corne. On approche. Compagnon Friend, laisse-moi seul un instant. Hé! dehors! (*Le monstre obéit et s'élance vers les marches extérieures de la galerie, et descendant à reculons à l'aide de plantes dont les ruines sont parsemées, disparaît dans le précipice.*)

SCENE II.

HAN, LE COMTE D'ALEFELD, LE GRAND-CHANCELIER.

(*Le grand-chancelier, enveloppé dans un manteau, entre par la gauche.*)

HAN.

Étranger, sois le mal venu. (*Le comte d'Alefeld tressaille; mais se remettant bientôt, il s'arrête et examine attentivement Han qui ajoute:*) Regarde-moi; tu n'auras peut-être pas dans une heure un souffle de voix pour te vanter de m'avoir vu.

LE COMTE.

Ecoutez, je ne viens pas en ennemi, mais en ami... Mon intention est de vous rendre service si vous êtes celui que je cherche.

HAN.

C'est-à-dire de tirer un service de moi. Tu perds tes pas. Je ne sais rendre de service qu'à ceux qui sont las de la vie.

LE COMTE.

A vos paroles, je vous reconnais bien pour celui qu'il me faut; mais votre taille: Han d'Islande est un géant, m'a-t-on dit, ce ne peut être vous.

HAN.

Ajoute ma renommée à ma taille, et tu me verras plus haut que ce rocher.

LE COMTE.

En ce cas, comme je le disais, ce sont vos seuls intérêts qui me conduisent ici.

HAN.

Viens-tu donc me donner avis qu'il y a quelque source à empoisonner, quelque village à incendier, ou quelque arquebusier de Munckolm à égorger ?

LE COMTE.

Peut-être; écoutez : les mineurs de Norwége se révoltent. Vous savez combien de désastres cela peut amener ?

HAN.

Oui, le meurtre, l'incendie, le pillage...

LE COMTE.

Je vous offre tout cela.

HAN, *avec un éclat de rire.*

Je n'ai pas besoin que tu me l'offres pour... le prendre.

LE COMTE.

Je vous propose, au nom des mineurs, le commandement de l'insurrection. (*jetant une bourse à terre.*) Voici les honoraires de votre commandement.

HAN, *repoussant la bourse du pied.*

Je n'en veux pas. Si j'avais voulu de ton or ou de ton sang, je n'aurais pas attendu ta permission pour me satisfaire.

LE COMTE.

Réfléchissez avant de refuser mes offres.

HAN.

Chancelier de Norwége, non!

LE COMTE, *reculant d'un pas.*

Qui vous a dit...

HAN, *lui saisissant le bras.*

Ministre du roi de Norwége, si nos deux ames s'envolaient en ce moment vers le ciel, je crois que Satan hésiterait avant de décider laquelle des deux est celle du brigand.

LE COMTE, *après avoir porté la main à la garde de son épée, sans la tirer.*

Du moins, si vous me remettiez une cassette trouvée par vous aux grèves d'Urchtal, vous pourriez tout attendre de ma reconnaissance.

HAN, *comme se rappelant.*

Ah! cette boîte est donc d'une bien haute importance?

LE COMTE.

Oui.

HAN.

Eh bien! tu ne l'auras pas.

LE COMTE.

Je vous assurerai une fortune immense, je demanderai votre grace au roi.

HAN.

Demande-moi plutôt la tienne. Écoute-moi, comte d'Alefeld, les tigres ne dévorent pas les hyènes. Je vais te laisser sortir vivant de ma présence parce que tu es un méchant et que chaque instant de ta vie, chaque pensée de ton ame, enfante un malheur pour les hommes et un crime pour toi. Quant à ton officier, ce n'est pas pour m'approprier la cassette que tu désires que je l'ai assassiné; c'est son uniforme qui l'a condamné, ainsi que cet autre misérable que tu vois ici.

(*En achevant ces mots, Han d'Islande entraîne le ministre vers l'objet caché dans l'ombre.*)

LE COMTE, *avec un cri effrayant.*

Ciel! Frédéric, mon fils!

HAN, *avec un éclat de rire atroce.*

Tu peux crier, comte, tu ne le réveilleras pas.

LE COMTE, *penché sur le corps de son fils.*

Frédéric!

HAN, *d'une voix plus sombre.*

Pleure ton fils, moi je venge le mien.

LE COMTE, *se relevant tout à coup et tirant son épée.*

A moi! vengeance! vengeance!

(*Aux cris du comte, trois hommes, le sabre à la main, se précipitent dans la galerie.*)

LE COMTE.

Mort à ce brigand! mort à l'assassin de mon fils!

(*Han d'Islande, surpris d'une aussi brusque attaque, a saisi sa hache et fait tête quelques instans à ses ennemis; mais bientôt, pressé par le nombre, il est contraint de battre en retraite. Enfin il est sur les dernières marches de l'escalier suspendu sur l'abîme.*)

LE COMTE.

Bien, mes amis, poussons le monstre dans ce précipice.

HAN.

Avant que j'y tombe, les étoiles y tomberont.

LE COMTE.

Misérable! tu as commis ton dernier crime. Courage, mes amis!

(*Han d'Islande, combattant toujours de la main droite, saisit de la gauche une petite trompe pendue à sa ceinture et tire un son rauque et prolongé. Peu d'instans après l'ours paraît au bout rompu de l'escalier, et présente sa gueule acérée aux ennemis de son maître. Han, profitant de ce secours, fond sur les agresseurs et les met en fuite.*)

HAN.

Merci, mon brave Friend!

(*Il fait entendre un bruyant éclat de rire.*)

SEPTIÈME TABLEAU.

Le théâtre représente la grotte de Valderhog. Elle est creusée dans le roc et éclairée seulement au fond par quelques crevasses qui ne laissent apercevoir que le ciel et des montagnes lointaines. Au milieu de la caverne, un peu plus sur la gauche, est une pierre ou autel druïdique environné d'ossemens humains.

SCENE III.

ORDENER, *seul, arrivant par l'une des sinuosités de gauche, après avoir jeté les yeux autour de lui.*

Personne! en vain j'ai parcouru toutes les sinuosités de cette vaste grotte, je n'ai pu rencontrer l'objet de ma recherche. Ne pourrai-je joindre cet infernal Han d'Islande? Chère Esilda! me faudra-t-il renoncer à l'espoir de te rendre ton malheureux père? (*Il s'appuie sur l'autel druïdique.*)

SCENE IV.

ORDENER, HAN.

UNE VOIX.

Jeune homme! c'est avec des pieds qui touchent au sépulcre que tu es venu en ce lieu.

(*En ce moment la tête de Han d'Islande se montre de l'autre côté de la pierre avec son féroce sourire.*)

ORDENER, *sans s'émouvoir.*

Et avec une main qui touche une épée.

HAN, *armé de sa hache, et se découvrant entièrement.*

C'est moi!

ORDENER.

C'est moi!

HAN.

Je t'attendais.

ORDENER.

Et moi, je faisais plus, je te cherchais.

HAN, *croisant ses bras sur sa poitrine.*

Sais-tu qui je suis?

ORDENER.

Oui.

HAN.

Et tu n'as point de peur?

ORDENER.

Je n'en ai plus.

HAN, *souriant.*

Tu as donc éprouvé une crainte en venant ici?

ORDENER.

Celle de ne pas te rencontrer.

HAN.

Tu me braves, et tes pieds viennent de trébucher contre des cadavres humains!

ORDENER.

Demain peut-être ils trébucheront contre le tien.

HAN, *avec un frémissement de colère.*

Prends garde, je vais fondre sur toi!

ORDENER.

Je t'attends.

HAN.

Tu m'apprends ce que c'est que la pitié.

ORDENER.

Et à moi ce que c'est que le mépris.

HAN.

Enfant, quelle mort veux-tu de moi?

ORDENER.

La tienne. (*Han se met à rire.*) Écoute : tu connais le comte d'Alefeld, qui t'a payé pour enlever à un officier que tu as assassiné sur les grèves d'Urchtal un coffret de fer?

HAN.

D'Alefeld! attends... oui, je le connais : j'ai bu hier le sang de son fils dans le crâne du mien.

ORDENER, *frémissant.*

Ta vue me pèse; il faut en finir. Tu as dérobé une cassette de fer à un officier de Munckolm?

HAN, *tressaillant à ce mot.*

De Munckolm! serais-tu aussi un officier de Munckolm, toi?

ORDENER.

Non.

HAN, *d'un air triste.*

Tant pis.

ORDENER.

Écoute; où est cette cassette que tu as dérobée à ta victime?

HAN.

Par ma hache! voilà une cassette qui occupe bien des esprits.

ORDENER.

Est-elle au pouvoir du comte d'Alefeld?

HAN, *souriant.*

Non.

ORDENER.

Tu mens, car tu ris.

HAN.

Crois ce que tu voudras.

ORDENER, *d'une voix tonnante.*

Il faut que tu me la donnes, cette cassette !

HAN.

Est-ce à moi que tu oses donner des ordres ?

ORDENER.

J'en donnerais au démon dans l'enfer.

HAN, *secouant sa hache.*

C'est ce que tu pourras faire tout à l'heure. Il ne tenait qu'à moi de briser tes os et de boire ton sang quand tu es arrivé; mais j'étais curieux de voir le moineau franc fondre sur le vautour.

ORDENER.

Misérable ! défends-toi.

HAN.

C'est la première fois qu'on me le dit. (*Ne se contenant plus, il s'élance en rugissant sur l'autel druidique. Ordener, tournant à l'entour, étudie les mouvemens de l'ennemi qu'il veut frapper. Enfin le terrible Han jette un cri effroyable; sa hache, engagée dans les plis du manteau dont le jeune homme se sert comme d'un bouclier, lui échappe.*)

ORDENER, *appuyant son glaive sur la poitrine du monstre désarmé.*

Remets-moi ce coffret de fer que tu as lâchement volé !

HAN.

Non.

ORDENER.

Réfléchis, malheureux !

HAN.

Non, et sois maudit !

ORDENER.

En ce cas, reprends ta hache pour que nous puissions continuer.

HAN, *avec un regard dédaigneux.*

Enfant, tu fais le généreux, comme si j'en avais besoin.

(*D'un bond, Han d'Islande est à dix pas de là ; et, saisissant un énorme bloc de rocher, il le lance à son adversaire qui parvient à éviter ce coup terrible. Han cependant a ressaisi sa hache ; le combat recommence avec acharnement ; mais bientôt la chance n'est plus égale : l'arme d'Ordener, en rencontrant celle de son ennemi, se brise dans sa main. Déjà le monstre est prêt à saisir sa proie, son bras va frapper...*)

HAN, *avec force.*

As-tu quelque chose à dire à Dieu ou au diable avant de mourir ?

ORDENER, *pressant son portrait contre ses lèvres.*

Chère Esilda !... adieu !...

(*Tout à coup le son d'un cor, puis un rugissement lointain se font entendre au dehors. Le brigand s'arrête; le bruit redouble; des clameurs d'hommes se mêlent aux grondemens plaintifs d'un ours qu'on voit passer sur des rochers, vivement poursuivi par des chasseurs. Des coups de feu sont entendus.*

HAN.

Friend, Friend, je suis à toi, me voici !

(*Il disparaît par l'une des crevasses du fond, laissant Ordener en liberté.*)

SCENE V.

ORDENER, *seul.*

O fureur ! je suis sans armes !... Il m'échappe ! malheureux Harald ! (*Il sort sur les traces de Han.*)

HUITIÈME TABLEAU.

Le théâtre représente une place publique de Drontheim. A droite, est l'une des portes extérieures de la maison de justice; au fond, est un poteau portant une inscription quelconque.

SCENE VI.

(*Un grand nombre d'habitans de Drontheim arrivent par différens côtés et s'arrêtent devant la maison de justice; ils sont tristes et consternés. On remarque parmi eux les matrones* OLLY, MAASE *et le jeune soldat* KENNIBOL *portant un bras en écharpe.*)

OLLY.

Encore quelques instans et l'ancien grand-chancelier de Norwége, le bienfaiteur du peuple, aura cessé de vivre.

MAASE.

L'échafaud est tendu de noir sur la grande place, et j'aperçois d'ici l'exécuteur, en grand costume rouge, son coutelas en main, qui n'attend plus que la victime.

OLLY.

Noble comte, vertueux Harald, en vain on te proclame comme chef de cette malheureuse insurrection des mines, chacun refuse de te croire l'auteur de ce crime, et pourtant tu vas en porter le châtiment. Que ton sang injustement versé retombe sur la tête de tes juges!

KENNYBOL.

Oui, et sur le monstre islandais qui, lors de la sanglante rencontre des révoltés et des troupes royales dans les gorges de Kole, écrasa les deux partis sous les fragmens énormes de rocher qu'il fit pleuvoir sur eux. Plus d'un tiers de mon régiment est resté dans ces sombres défilés; et moi-même...

MAASE.

Périssent les vrais coupables! justice à l'innocent! (*Quatre heures sonnent.*)

SCENE VII.

LES MÊMES, **ORDENER**, *arrivant précipitamment.*

ORDENER, *tout défait.*

Juste ciel! mes amis, que se passe-t-il? pour qui ces funestes apprêts? qu'est devenu Harald? sa fille? parlez! (*Avant qu'aucun des assistans ait pu répondre à ces questions, la porte de la maison de justice s'ouvre et un détachement de soldats, au milieu duquel se trouve le comte Harald que l'on conduit à la mort, entre lentement. Harald promène un regard tranquille sur la foule consternée. D'Alefeld, en costume de grand-juge et accompagné de deux assesseurs, vient ensuite. A cette vue Ordener demeure pétrifié. Tout à coup la voix d'Esilda s'écrie dans la coulisse :* Laissez-moi! laissez-moi! *Au même instant, la jeune fille échevelée, les vêtemens en désordre, accourt et vient tomber dans les bras de son père qui la presse contre son cœur.*)

HARALD.

Ma fille!!!

ESILDA.

Mon père!!! (*Le cortége funèbre s'est arrêté. Des sanglots éclatent de toutes parts.*)

D'ALEFELD, *froidement en s'avançant.*

Qu'on éloigne cette jeune fille.

ESILDA.

Non, non, par tout ce que vous avez de plus cher!... accordez-moi la grace de mourir avec lui!

D'ALEFELD, *de même.*

Qu'on les sépare.

ORDENER.

Barbare, fais plus : sans pitié pour le désespoir de cette jeune fille, fais-la jeter dans tes cachots les plus obscurs; qu'elle expie le crime d'avoir voulu embrasser son père marchant à une mort imméritée. Cet acte de justice est encore digne de toi.

HARALD.

Arrêtez, jeune imprudent! que ma perte du moins n'entraîne pas la vôtre... Esilda, il faut nous quitter pour toujours... Mais seule, sans appui dans ce monde, que vas-tu devenir?...

ORDENER.

Dieu et Ordener veilleront sur la pauvre orpheline. Noble comte, m'accordez-vous votre Esilda pour épouse?

HARALD.

Brave jeune homme!... la fille du condamné est à toi. Ton nom?

ORDENER, *découvrant sa poitrine.*

Ordener Guldenlew, fils du vice-roi de Norwége. (*Tout le monde se découvre.*)

D'ALEFELD, *ôtant sa toque.*

Le fils du vice-roi! le fiancé de ma fille?...

ORDENER.

Lui-même.

D'ALEFELD, *ne se contenant plus.*

Qu'on exécute la sentence.

HARALD.

Maintenant je puis mourir!

ESILDA.

Mon père!!!

D'ALEFELD.

Soldats, obéissez. (*Esilda évanouie sur le sein de son père est remise par celui-ci entre les mains d'Ordener. Le malheureux Harald sort au milieu des gardes en semblant appeler la bénédiction du ciel sur ses enfans. Le peuple le suit.*)

ORDENER.

Et je ne puis rien contre l'exécution de ce fatal arrêt!...

SCENE VIII.

ORDENER, ESILDA, OLLY, MAASSE, *puis* HAN.

(*Esilda, toujours évanouie, est portée sur un banc de pierre par Ordener et les vieilles Olly et Mâase qui se sont approchées pour lui prodiguer leurs soins. Han d'Islande coiffé d'un chapeau rabattu et couvert d'une natte de jonc, arrive et frappe sur l'épaule d'Ordener.*)

HAN.

Jeune brave, me reconnais-tu?

ORDENER.

Monstre, je te retrouve enfin; c'est le ciel qui t'envoie!...

HAN.

Non, c'est l'enfer. Remercie-le donc de cette rencontre, et surtout de celle de ton fidèle guide Spiagudry, qui retourne pour quelque temps à son ancienne demeure. (*En ce moment deux hommes portant sur un brancard un objet recouvert d'un drap noir, traversent le fond du théâtre. Il leur fait signe de s'arrêter.)* C'est lui qui va te remettre ce coffret de fer auquel tu attaches tant de prix.

ORDENER, *vivement*

Le coffret de fer! Parle ; où est-il?

HAN, *soulevant la couverture du brancart.*

Tiens, vois plutôt. (*Les porteurs et le brancart s'éloignent*)

ORDENER, *recevant le coffret.*

La cassette!... Mais ô ciel, comment l'ouvrir?

HAN, *la lui arrachant des mains.*

Enfant, donne.

(*Han brise le coffret et remet les papiers qu'il contient à Ordener.*)

ORDENER.

Pauvre Esilda!... Puissé-je arriver à temps. (*Il sort en criant.*) Arrêtez! arrêtez!

HAN, *du fond du théâtre.*

Ce jeune fou viendrait-il priver l'échafaud de sa proie?... Par Ingolph, ce ne sera pas en vain que le bourreau l'aura dressé... (*Il sort sur les traces d'Ordener. Grande rumeur extérieure : cris vive Harald!*)

SCENE IX.

ESILDA, MAASE, OLLY; *ensuite* HARALD, ORDENER, PEUPLE.

ESILDA, *revenant à elle.*

Où suis-je?.. Quel rêve horrible ai-je fait?... Mon père... Grand dieu! mon père, où est-il?

HARALD, *arrivant précipitamment, suivi d'Ordener et du peuple.*

Près de toi, mon Esilda chérie, et voilà mon libérateur. A sa voix, en dépit de d'Alefeld, le peuple m'a arraché à mes bourreaux. Ces papiers prouveront mon innocence.

LE PEUPLE.

Vive Harald! vive Ordener!

(*Ordener et Esilda sont dans les bras l'un de l'autre.*)

SCENE X.

LES PRÉCÉDENS KENNIBOL *arrive précipitamment. Un grand tumulte se fait entendre.*

ORDENER.

Quel bruit!..

KENNIBOL.

Messeigneurs, le comte d'Alefeld n'est plus. A peine vous

étiez disparus, qu'un petit homme, ou plutôt un démon incarné fendant la foule, s'est avancé vers l'estrade des juges, et balançant en l'air leur président qu'il avait saisi d'un bras nerveux, il s'écria : Compagnons, vous ne serez pas privés du plaisir de voir mourir un homme. Un innocent allait périr, un grand criminel va le remplacer. Il dit, et d'un bond il est sur l'échafaud, le couperet de l'exécuteur en main, et... le comte d'Alefeld a vécu... (*Le bruit qui avait été toujours croissant pendant le récit qui précède est maintenant à son comble. Plusieurs voix s'écrient dans la coulisse :* Han d'Islande ! mort à Han d'Islande ! *Le peuple fuit plein d'épouvante. Harald et Esilda rentrent dans la maison de justice. Ordener les suit. Cependant Han d'Islande arrive, vivement poursuivi par les soldats de Munckolm. Il s'élance sur le poteau, l'arrache et s'en sert quelque temps comme d'une massue; atteint bientôt d'un coup d'arquebuse, le monstre tombe à terre où il se roule, en criant avec rage :* Mort et furies! je suis vaincu!...)

TABLEAU.

NEUVIÈME TABLEAU.

Le théâtre est coupé en deux parts : à gauche, l'intérieur d'un cachot obscur avec une porte en fer placée entre les coulisses des deuxième et troisième plans. L'autre partie représente un corps-de-garde éclairé seulement par une petite lampe placée près du mur mitoyen. Porte au fond.

SCENE XI.

KENNIBOL ET QUELQUES SOLDATS, *dans le corps-de-garde.*

KENNIBOL.

Allons, mes amis, vive la joie! Han d'Islande, sur lequel nous avons à veiller cette nuit, est là, dans le cachot voisin, bien enchaîné et hors d'état de nuire davantage. Buvons donc à son heureuse pendaison, qui doit avoir lieu demain, à la pointe du jour.

LES SOLDATS, *gaîment.*

A son heureuse pendaison!

HAN, *se relevant du banc de pierre placé près du mur mitoyen et sur lequel il était couché.*

Des soldats de Munckolm! (*Rugissement. Il cherche à rompre ses chaînes.*) Enfer! si près de moi, et ne pouvoir les anéantir! (*Il agite fortement ses fers.*)

SCÈNE XII.

LES PRÉCÉDENS, UN GEOLIER.

LE GEÔLIER.

Pourquoi ce bruit! que veux-tu?

HAN.

J'ai froid, mon lit de pierre est dur et humide: donne-moi un peu de paille pour dormir.

LE GEÔLIER.

Je vais t'apporter ce que tu demandes... As-tu de l'argent?

HAN.

Non.

LE GEÔLIER.

Quoi! pas seulement quelques ducats d'or?

HAN.

Non.

LE GEÔLIER.

Quelques petits écus royaux?

HAN.

Non, te dis-je!

LE GEÔLIER.

Quelques pauvres escalins?

HAN.

Non! rien, pas de quoi acheter la peau d'un rat ou l'ame d'un homme.

LE GEÔLIER.

C'est différent: alors tu as tort de te plaindre. Ta cellule n'est pas aussi froide que celle où tu dormiras demain, sans t'apercevoir, je te jure, de la dureté du lit. (*Il va pour sortir.*)

SCENE XIII.

LES MÊMES, ORUGIX.

ORUGIX.

Messire Han, je suis Orugix, le bourreau, qui dois avoir demain l'honneur de pendre ton excellence à une belle potence neuve, dans la place de Drontheim...

HAN.

Eh bien! après?

ORUGIX.

Ton cadavre m'appartient de droit après ta mort; cependant la loi te laisse la faculté de me le vendre. En conscience, combien en veux-tu?

HAN, *au guichetier.*

Dis-moi, camarade, combien veux-tu me vendre une botte de paille et un peu de feu?

LE GEÔLIER.

Du feu, c'est impossible. Une botte de paille, deux ducats d'or.

HAN, *à Orugix.*

Eh bien ! tu me donneras deux ducats d'or de mon cadavre.

ORUGIX.

Deux ducats d'or un méchant cadavre ! quelle prétention exorbitante ! Si tu ne modères ton prix, mon cher Han d'Islande, nous ne pourrons traiter ensemble.

HAN.

Comme c'est la première, et probablement la dernière vente que je ferai de ma vie, je tiens à faire un marché avantageux.

ORUGIX.

Ne pourrais-tu te contenter de deux écus royaux ?

HAN.

Adresse-toi à ton camarade. Il me demande deux ducats d'or pour un peu de paille.

LE GEÔLIER.

Chacun son métier. Pas de paille à moins de deux ducats d'or !

HAN.

Pas de cadavre à moins de deux ducats d'or.

ORUGIX, *frappant du pied avec colère.*

Tiens, maudit démon d'Islande, voilà tes deux ducats. Satan ne donnerait certes pas de ton ame ce que je donne de ton corps.

LE GEÔLIER, *tendant la main à Han.*

Maintenant, à nous deux.

HAN.

Un instant. Donne-moi d'abord ce que je t'ai demandé.

LE GEÔLIER, *sortant.*

C'est juste.

HAN, *à Orugix, qui calcule sur ses doigts.*

Tu calcules déjà ce que tu dois gagner sur ma carcasse ?

ORUGIX.

Oui. Ne m'appartient-elle pas ?

HAN.

Quand le jour paraîtra tu viendras la chercher...

LE GEÔLIER, *rentrant.*

Voilà ta paille.

HAN.

Voilà ton or.

ORUGIX.

A demain.

HAN, *avec un rire affreux.*

A demain. (*Orugix et le geôlier sortent.*)

SCENE XIV.

LES MÊMES, *excepté le* GEOLIER *et* ORUGIX.

KENNIBOL, *à ses camarades demi-ivres.*

Maintenant, camarades, si vous le voulez, pour nous réveiller et chasser de notre cerveau les vapeurs épaisses de cette liqueur, je vais vous chanter les couplets que je viens de composer.

LES SOLDATS.

Oui! oui! oui!

KENNIBOL.

Connaissez-vous ce brigand redouté,
Ce Han d'Islande qu'on renomme,
Ce monstre féroce, indompté,
Caché sous la forme d'un homme?
Voyageurs, allongez le pas,
Fuyez et redoutez sa rage:
Point de repos sur ce parage,
Ne dormez pas, ne dormez pas.

CHOEUR DES SOLDATS.

Ne dormez pas.

(*Han s'approche de la muraille et prête une oreille attentive.*)

KENNIBOL.

Mais le brigand enfin a succombé:
Voyageurs, reprenez courage;
C'est sous nos coups qu'il est tombé;
De Munckolm sa chute est l'ouvrage!
C'est demain qu'il saute le pas:
Jusqu'à demain il nous faut boire.
Amis, trinquons à notre gloire,
Ne dormons pas, ne dormons pas.

CHOEUR DES SOLDATS, *succombant au sommeil.*

Ne dormons pas.

HAN.

Ils chantent leur victoire!... Ils me bravent, ces exécrables soldats!... Et je ne puis renverser sur eux cette muraille... et je ne puis rompre ces fers qui me retiennent!... — Esprit d'Ingolph, ranime mes forces et mes fureurs; fais que j'extermine ces derniers arquebusiers de Munckolm, pour satisfaire les mânes de mon fils!...

KENNIBOL.

Bravo! Il paraît que mes vers ont produit leur effet habituel. Vous ronflez déja tous comme les orgues de la cathédrale de Drontheim. Ce Han d'Islande, le diable ait son ame, nous a donné, comme on dit, du fil à retordre; mais enfin il est pris, et nous pouvons bien fermer l'œil un instant, jusqu'à ce qu'il torde lui-même certain fil dont lui fera présent bientôt maître Orugix, le plus habile faiseur de nœuds coulans de toute la Norwége. (*Kennibol s'endort sur une table ainsi que ses camarades. En ce moment, Han d'Islande qui n'a pas cessé ses affreux tiraillemens pour rompre ses liens, pousse un cri de joie; il est parvenu à ébranler la pierre dans laquelle sa chaîne est fixée. Il prête un instant l'oreille, et n'entendant plus rien dans la salle des soldats, il fait de nouveaux efforts et parvient à arracher du mur la pierre ébranlée. Mais la chute du bloc a fait tressaillir Kennibol qui, à moitié endormi, se met à fredonner le refrain de sa chanson:*

Ne dormons pas.

Cependant Han d'Islande, qui a passé son bras par l'ouverture qu'il vient de faire, allume quelques brins de paille à la lampe qui brûle sur la table des soldats.)

HAN, *avec un rugissement de joie.*

O Gill! ô mon fils! tu vas être vengé!... Périsse tout ce qui porte le nom de Munckolm!...

(*A peine a-t-il prononcé ces mots que, rassemblant sa paille, il y met le feu de manière à embraser sa prison, dont le fond et le côté gauche sont construits en charpentes. La flamme fait des progrès rapides; bientôt tout l'édifice est en feu, des solives embrasées se détachent et tombent de toutes parts. Les soldats fuient à travers le mur du fond qui vient de s'écrouler avec fracas. Enfin, Han d'Islande qui, semblable au génie de la destruction, n'a cessé d'activer la marche de l'incendie, voulant fuir à son tour, se trouve tout à coup arrêté par une foule de gens armés qui le couchent en joue avec leurs arquebuses et le contraignent à revenir sur ses pas. Le monstre ne voyant plus pour lui d'autre moyen de salut, s'élance vers un des pans de l'édifice que les flammes n'ont pas encore atteint. Déjà il semble braver ses ennemis, quand soudain la poutre à laquelle il se tenait attaché manque sous lui et l'entraîne dans une fournaise où il disparaît au milieu d'un tourbillon de flammes. Le peuple pousse un grand cri de joie auquel répond un horrible rugissement parti du lieu où l'on a vu disparaître Han d'Islande.*)

TABLEAU FINAL.

FIN DU TROISIÈME ET DERNIER ACTE.

162

www.ingramcontent.com/pod-product-compliance
Lightning Source LLC
LaVergne TN
LVHW050459160826
845677LV00003B/832

* 9 7 8 2 3 2 9 6 6 5 1 3 9 *